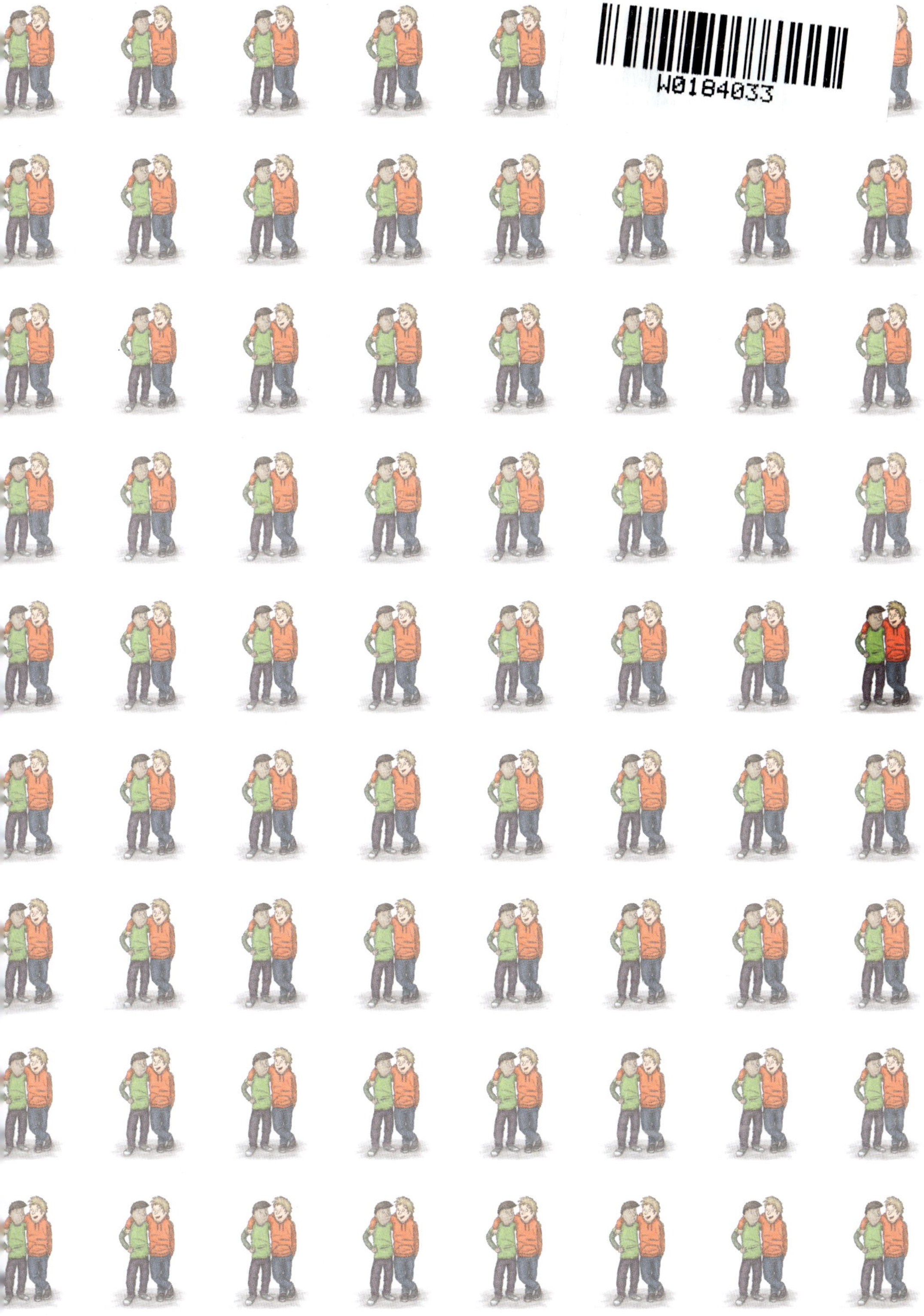

Coole Freundschaften

von Kalle und Nicki Herges

mit Illustrationen
von Sonja Kurzbach

Mildenberger

Bildquellenverzeichnis:
S. 16: fotolia, torellfo; S. 17: fotolia, Marco2811; S. 18: fotolia, EvrenKalinbacak;
S. 19: fotolia, Angelika Bentin; S. 33: fotolia, mgkuijpers; S. 34: fotolia, Daniel Ehrhardt;
S. 35: fotolia, JAG IMAGES; S. 36: fotolia, mgkuijpers; S. 38: fotolia, vipersgarden;
S. 49: fotolia, f/2.8 by ARC; S. 51: fotolia, Michael Rosskothen; S. 53: fotolia, Juulijs (2 x);
S. 69: fotolia, ole82photography; S. 70: fotolia, fotofrank; S. 84: fotolia, belamy;
S. 85: fotolia, Waldemar Milz; S. 86: fotolia, Lucky Dragon USA; S. 87: fotolia, Aliaksandra;
S. 89: fotolia, Renáta Sedmáková; S. 100: fotolia, makieni; S. 101: picture-alliance/dpa;
S. 102: fotolia, Markus Kämpfer; S. 103: fotolia, Smileus; S. 104: fotolia, sidorovstock;
S. 106: fotolia, Smileus.

Bestell-Nr. 540-31 ISBN 978-3-619-05431-2

www.mildenberger-verlag.de
E-Mail: info@mildenberger-verlag.de

Auflage 5 4 3 2 1
Jahr 2018 2017 2016

Bezugsmöglichkeiten
Alle Titel des Mildenberger Verlags erhalten Sie unter: www.mildenberger-verlag.de oder im Buchhandel. Jede Buchhandlung kann alle Titel direkt über den Mildenberger Verlag beziehen. Ausnahmen kann es bei Titeln mit Lösungen geben: Hinweise hierzu finden Sie in unserem aktuellen Gesamtprogramm.

Umschlag- und Innenillustrationen: Sonja Kurzbach
Redaktion: Marketa Görgen, www.korrekt-net.de
Typografie & Herstellung: Julia Walch, 65812 Bad Soden
Druck und Bindung: Stürtz GmbH, 97080 Würzburg
Gedruckt auf umweltfreundlichen Papieren

Inhaltsverzeichnis

Beinahe baden gegangen

Los Kinder, wir rocken den Hafen!"

„Das war Tuchi, mit richtigem Namen Frau Tucholsky, unsere Klassenlehrerin. Als sie das sagte, konnte sie nicht wissen, wie recht sie damit haben sollte ... fast recht. Denn eins stimmte nicht ganz: Nicht wir sollten den Hafen rocken, sondern der uns.

Aber von Anfang an. Wir, die 3c, hatten kurz vor den Herbstferien eine Projektwoche. Das hieß Unterricht mal anders, mehr raus ins Freie und vor allem Ausflüge.

Heute war so ein Tag, die Hafentour stand an. Der Höhepunkt sollte die Besichtigung eines U-Boots sein, doch auf meinen Freund Melwin und mich wartete ein ganz anderer. Davon ahnten wir aber noch nichts, rein gar nichts. So gingen wir also zur S-Bahn-Station und pfiffen auf den böigen Wind, der um die Häuser pfiff. Tuchi ging vorne und verbreitete gute Laune. Den Schluss der Gruppe bildete die Mutter einer Mitschülerin. Gut gelaunt stiegen wir also in die Bahn. An den Landungsbrücken angekommen, hatte sich unsere Stimmung, aber auch der Wind gesteigert. Mit viel Rückenwind ging es zur Fähre, die uns zu unserem Ziel bringen sollte. Wir hatten Glück, bis auf wenige Pendler und Touris gingen nur wir an Bord.

„He, Sahin! Hast du 'n Bier gekippt?", maulte Melwin

mich an. Er war sauer, weil ich ihm auf den Fuß getreten war.
„Nicht meine Schuld, bin voll zur Seite geflogen“, erwiderte ich. „Komm mal runter, lass uns ’nen Platz suchen.“
Das taten wir dann, das heißt, wir versuchten es. Melwin und ich waren von unseren Ostseetrips mit der Familie Wellengang gewohnt, aber das hier war schon ein ganz ordentlicher. Unsere Mitschüler wirkten echt komisch. Wie torkelnde Betrunkene sahen sie auf dem Weg zu ihren Sitzplätzen aus.
„Liebe 3c“, fing Tuchi an, als alle saßen, „bleibt bitte unter Deck. Bei dem Schietwetter möchte ich keinen von euch auf dem Oberdeck sehen.“
Das war nicht nur eine Warnung, das war ein Befehl. Uns war das auch klar, aber ...

„Sahin?“
„Jaa?!“
„Was meinst du? Hättest du nicht auch Bock darauf?“
Natürlich hatte ich Bock und ich wusste auch, worauf. Denn eins ist ja nun mal sicher: Lehrer verbieten meistens das, was am meisten bockt.
„Wie kommen wir nur an Tuchi vorbei?“, raunte ich.
„Mmmhh, wie wär’s mit Klo?“
„Häää?“
„Mensch, wir sagen einfach, wir müssen ...“
„Okay Melwin. Aber wenn das klappt, dann gibt es sicher ’nen Spruch von Tuchi dazu.“
„Werden sehen.“
Und ich sollte Recht behalten. Tuchi saß auf der letzten Bank in der Nähe der Toiletten. So hatte sie jeden und alles im Blick und im Griff ... glaubte sie.
„Na, setzt euch mal schnell hin. Bei dem Seegang läuft man nicht herum.“
So empfing sie uns.
„Tuchiii?“ Wir hatten beide unseren leidenden Hundeblick aufgesetzt. „Dürfen wir aufs Klo?“
„Ja, wo gibt’s das denn? Zwei Jungen zusammen. Das ist ja wie bei den ...“
Mit einem „Danke, Tuchi“ überrumpelten wir sie und schwankten an ihr vorbei.

„Ihr seid aber sofort wieder hier!“, rief sie uns nach. „Wir machen, so schnell es geht. Pippi-Ehrenwort, Tuchi“, gab ich zurück. Sie verdrehte leicht die Augen, aber ein kleines Schmunzeln konnte sie sich nicht verkneifen. Jetzt mussten wir nur noch an den Klos vorbei und aufs Oberdeck. Als wenn sie eingeweiht gewesen wären, lenkten einige Mitschüler unsere Klassenlehrerin ab.

„Tuchi, mir ist schlecht.“

„Mir auch.“

„Ist das bald zu Ende?“

Für uns hieß das: Bahn frei. Draußen empfingen uns Regen und Wind, Wind und Regen. „Cool, echt cool!“, rief ich und Melwin rutschte mit mir über die Planken. Rumms, platsch. Erst Melwin, dann ich – es hatte uns beide hingehauen. Das hatte wehgetan, aber wir lachten darüber. Was machte uns das schon aus. Die anderen Weicheier sollten ruhig unter Deck bleiben, der Platz für die Piraten Melwin und Sahin war an Deck. Wir fühlten uns stark wie zehn Klabautermänner, und so kam ich auf die Idee, an der Reling ein Selfie zu schießen. „Melwin! Komm!“, brüllte ich meinem Freund entgegen und zückte dabei mein Handy. „Wir machen ein Selfie!“

Das war eine Wahnsinnsidee, wahnsinnig cool ...,

dachten wir. Wir konnten kaum das Gleichgewicht halten, zogen aber Grimassen und ... dann passierte es. „Melwin!“, konnte ich nur noch schreien. Das half aber natürlich nichts. Ein Windstoß hatte uns erfasst, dazu der rutschige Boden und schwups ...
Melwin wollte sich noch halten, doch es gab kein Halten mehr. Er flutschte – und ich schwöre euch, es stimmt jedes Wort – fast komplett durch das Geländer. Geistesgegenwärtig konnte er sich noch an einer Verstrebung festhalten.
„Sahin! Hilfe!“ Seine Angstschreie übertönten sogar den Sturm. Da blieb keine Zeit mehr, mein Superman-Kostüm anzuziehen, ich musste sofort handeln. Blitzschnell packte ich zu und konnte Melwin halten. Doch wie lange? Das konnte nicht lange gut gehen. Es ging um Sekunden!

„Kinder!!!“

Eine Hand kam von hinten und schnappte zielsicher zu. Tuchi, es war Tuchi. Gott sei Dank! Die Rettung ... in letzter Sekunde. Zusammen schafften wir es, Melwin hochzuziehen. Wir schnaubten vor Anstrengung wie die Seehunde. „Kinder“, seufzte Tuchi erleichtert auf und wir schlossen sie in die Arme.

Klatschnass gingen wir zu den anderen. Die glaubten, wir hätten uns nur kurz nassregnen lassen. Von der dramatischen Rettung erfuhren sie nichts. Sie sagte niemandem etwas davon, auch nicht unseren Eltern. Nur wir wissen es: Tuchi ist ein echter Käpt’n und seefester als wir beide zusammen.

Fragen zur Geschichte

Versuche die folgenden Fragen zu beantworten. Wenn du die richtigen Antwortbuchstaben auf einem Blatt notierst, bekommst du das Lösungswort.

1. Wer rockt wen?

E der Hafen die Lehrer

W die Kinder den Hafen

H Tuchi die Fähre

M die Mutter der Mitschülerin die S-Bahn

2. Warum torkeln die Kinder auf der Fähre?

B Sie haben heimlich Bier getrunken.

V Die Kinder machen sich einen Spaß. Sie tun nur so, als ob sie keinen sicheren Stand hätten.

I Sie torkeln wegen des starken Seegangs.

O Die Luft auf der Fähre ist so schlecht, dass man Kreislaufprobleme bekommt.

3. Weshalb belügen Sahin und Melwin ihre Lehrerin?

T Die Jungen wollen sich an der Toilette vordrängeln.

N Sie wollen heimlich an Deck.

S Die beiden lügen einfach für ihr Leben gern.

K Die Jungen möchten einen guten Eindruck bei ihren Mitschülern machen.

4. Warum heißt es am Ende der Geschichte, dass Tuchi ein echter Käpt'n ist?

F Sie verlässt das untergehende Schiff als Letzte.

A Tuchi hat das Patent, also das Recht zum Führen von Schiffen.

Z In Hamburg nennt man Klassenlehrer auch Käpt'n.

D Sie ist patent, also einfach tüchtig und in Ordnung.

Das Lösungswort findest du auf Seite 108.

Wortknobelei

Welche Wörter gibt es wirklich? Schau im Duden oder in einem Online-Wörterbuch nach, wenn du dir nicht sicher bist. Kombiniere die Buchstaben, die bei den richtigen Begriffen in Klammern stehen, und schon hast du das Lösungswort.

KAPITÄN

Freizeit- (C)

Klo- (A)

Katastrophen- (S)

Flug- (D)

Wirtschafts- (E)

Weihnachts- (T)

Klassen- (O)

-leutnant (K)

Die Lösung findest du auf Seite 109.

Lösungshilfe:

Sahin und Melwin schleichen sich heimlich dorthin, obwohl sie Tuchi sogar ihr Pippi-Ehrenwort gegeben haben.

Kreatives Schreiben

Stell dir vor, Melwin wäre in die Elbe gestürzt. Dann hätte es ein anderes Ende der Geschichte gegeben. Erzähle dieses Ende aus Sahins Sicht in der Ich-Perspektive.

Wenn du Lust dazu hast, dann sende deinen Text an das Autorenpaar Kalle und Nicki Herges,
E-Mail: hergeshamburg-stories@web.de
Du erhältst auf jeden Fall eine Antwort. Viel Spaß!

Wissenswertes über Schiffe

Schiffe haben für uns Menschen eine große Bedeutung. Sie haben es uns ermöglicht, andere Kontinente und fremde Welten zu entdecken, lange bevor das Flugzeug eine Rolle spielte. Nur mit der Kraft des Windes, die den beiden Jungen in der Geschichte fast ein unfreiwilliges Bad in der Elbe beschert hätte, segelten Abenteurer ins Ungewisse. Denke ich an Schiffe, dann sehe ich aufgeblähte Segel, Wikinger, Piraten, riesige Öltanker, Kreuzfahrtschiffe und Flugzeugträger. Über den einen oder anderen interessanten Punkt zum Thema Schiff möchte ich euch im Folgenden näher informieren.

Wenn man sich mit Schiffen beschäftigt, begegnen einem einige Begriffe, die nicht jeder von uns gleich zuordnen kann. Wisst ihr zum Beispiel, was „Steuerbord“ und was „Backbord“ ist? Ich kenne dazu eine schöne Eselsbrücke, die mir sehr hilft: Steuerbord ist rechts, weil der Kapitän mit der rechten Hand das Steuer hält und sich mit der linken an der Backe kratzt. Backbord ist also links.

Und warum heißt ein großes Segelschiff „Windjammer“? Dazu gibt es drei Erklärungsversuche. Die ersten beiden gehen von dem englischen Wort „to jam“ aus. Das heißt zum einen „pressen“ – hier den Wind – und zum anderen „den Weg versperren“. Und das taten die Segelschiffe, weil sie ihren Nachfolgern, den Dampfschiffen, häufig im Weg waren. Die dritte Erklärung klingt für mich am überzeugendsten.

Der Wind bringt nachts das Gebälk der Schiffe zum Quietschen oder auch Jammern. So manchem Matrosen kann so der Schlaf geraubt werden.

Doch nun zu viel wichtigeren Fragen, auf die ich auch eine sichere Antwort geben kann. Warum schwimmt ein Schiff überhaupt?

Und wie ist es möglich, dass sogar Kreuzfahrtschiffe, die so hoch wie ein Wolkenkratzer und doppelt so lang wie ein Fußballplatz sind, über Wasser bleiben?

Schiffe verdrängen

Wasser, das heißt, sie drücken es nach unten. Das Wasser will zurück und schiebt das Schiff nach oben. So kommt es, dass selbst große Passagierschiffe oder Containerriesen mit über 14 000 Containern nicht untergehen. Sie verdrängen nämlich genauso viel Wasser, wie sie wiegen.

Und wie kommen sie voran?

Der einfachste Schiffsantrieb ist der Wind. Die Wikinger schafften es mit seiner Hilfe sogar von Skandinavien bis nach Amerika. Für die eben genannten Giganten wie Containerschiffe und Flugzeugträger reicht der Wind aber nicht.

Da müssen mehr PS her.

Mit der Kraft von einem PS kann man in der Luft 10 kg, mit der Bahn 500 kg und auf einem Schiff 4 000 kg transportieren – das ist unschlagbar.

So ist es also mit Motorkraft möglich, auf dem Wasser enormes Gewicht voranzutreiben. Schiffsschrauben am Heck drehen sich, drücken das Wasser nach hinten und schieben so das Schiff voran. Je nach Bedarf sind sie so groß wie ein Teller oder ein Haus. Erstaunlich, oder? Zum Abschluss noch ein paar weitere Fakten, die uns zum Staunen bringen. Das längste Schiff der Welt, die „Jahre Viking“, war über 450 Meter lang. Auf die größte Autofähre passen sage und schreibe 6 000 Pkws. Und ... passend zur Geschichte: Auf hoher See gehen jährlich über 500 Container verloren. Rechnet man Katastrophen mit ein, sind es über 1 660. Das Kommando „Mann über Bord“ ertönt wesentlich seltener. Wenn es kommt, ist es aber sehr schwer, den über Bord gegangenen Menschen zu retten. Allerdings ertrinken die Menschen bei Badeunfällen wesentlich häufiger als bei Schiffsunglücken. In Europa sind es jährlich ungefähr 20 000.

Doof gelaufen

„Schlangenmensch", so nennen mich meine Eltern. Nicht, dass ihr jetzt was Falsches denkt. Ich bin kein Gummiknochen-Typ, der seinen Fuß hinter den Kopf stecken kann und mit geraden Beinen die Erde küsst. Ein Spagat ist nicht mein Ding, ich bin eher der Spaghettifreund. Da könnte ich drin baden.
Warum also Schlangenmensch?
Ich mag einfach Schlangen, sie faszinieren mich. Zwei habe ich zu Hause: Dick und Doof. Die heißen wirklich so. Und die Namen passen. Dick ist wirklich gut im Futter, sie hängt meistens träge ab und frisst das Dreifache von Doof. Dafür ist Doof mindestens dreimal trotteliger als Dick. Wenn es so etwas wie Intelligenz bei Schlangen gibt, dann steht sie da auf dem letzten

Tabellenplatz, stark abstiegsgefährdet. Was die schon alles angestellt hat! Wo die schon überall war! In der Waschmaschine, im Auffangkorb des Rasenmähers, in der Mülltonne ... Fragt mich nicht, wie sie da reingekommen ist. Ich weiß nur, warum es passieren konnte. Manchmal lasse ich nämlich das ungleiche Paar aus dem Terrarium. Und dabei nutzt Doof schon mal die Gelegenheit auszureißen. Sie ist superschnell und ... nicht ganz so dumm, wenn es ums Flüchten geht. Als Mensch wäre sie ein Ausbrecherkönig, dem häufig fast die Flucht gelingt, der letztendlich aber immer in irgendeiner Falle landet. Ich habe wirklich mal von so einem gelesen. Der ist durch den Heizungsschacht gekrabbelt, war fast am Ziel, bis er zum Schluss durch die Decke gebrochen und den Wärtern vor die Füße gepurzelt ist. So ist Doof, genau so. Und deswegen war sie auch nur Plan B für den Sachkundeunterricht.
„Melwin, hast du nicht zwei Schlangen?“, hatte mich Frau Zühlke, unsere Lehrerin, gefragt und mich gebeten, mal eine mitzubringen.
„Kein Problem“, antwortete ich und hatte das auch so gemeint. Denn ich wusste ja noch nicht, dass Dick, meine Erstbesetzung für diese Auftritte, krank sein würde. Sie hatte keinen Appetit, echt ungewöhnlich.

Und Schule bedeutet Stress, nicht nur für Schlangen, also keine gute Idee für die angeschlagene Dick.
So musste Doof einspringen.
„Du kannst deine Schlange im Klassenraum lassen“, sprach mich Zücki an. So heißt sie bei uns, da es zu ihrem Namen passt und vor allem weil sie echt zuckersüß ist.
„Okaaay“, entgegnete ich mit einem Fragezeichen im Gesicht.
„Keine Angst, die ist doch sicher in ihrer Box und den Klassenraum schließe ich ab. Nach der Pause zeigst du uns dann deine Freundin.“ Mit diesen Worten beruhigte mich Zücki.
In der Pause war ich natürlich der Star des Tages.
„Wie groß ist sie?“
„Ist sie gefährlich?“
„Hat sie Giftzähne?“
Doof ist alles andere als gefährlich, jedenfalls für andere. Sie bringt sich nur selbst in Gefahr. Das wollte ich natürlich keinem sagen. So antwortete

ich verschwommen mit „Ich glaub nicht, dass was ganz Schlimmes geschehen kann“ oder „Ihre Zähne sind schon messerscharf“. Am Ende der Pause war allen klar, dass eine brandgefährliche Nummer auf sie wartete und dass man froh sein konnte, dass der große Schlangenbeschwörer Melwin persönlich anwesend war.

Als alle dann auf ihren Plätzen saßen, starrten sie gebannt zum Pult. Dort stand die geräumige Box mit dem unberechenbaren Inhalt. Manege frei für den großen Melwin! Ich ging also nach vorne und wollte den Deckel öffnen. Doch dazu kam es erst einmal nicht ... Der Deckel ... oh nein ... der Deckel ... da war ein Spalt ... der Deckel war ein Stück weit offen!

„Melwin, ist was?“

Zücki muss mir angesehen haben, dass etwas nicht stimmte.

„Weiß n-nicht“, stotterte ich und schaute in die ... leere Box.

Nun wusste ich es und die anderen ahnten es.

„Die Schlange!“ Ein spitzer Schrei und noch einer!

„Melwin, ist das wahr?!“ In Nullkommanichts brach Chaos aus. Einige Mädchen und Jungen sprangen auf ihre Stühle oder Tische. Andere wollten hinauslaufen. Und das Geschrei war nicht zum Aushalten.

„Stopp!“, rief Zücki dazwischen und schaffte es tatsächlich, sich Gehör zu verschaffen. „Reißt euch mal zusammen. Schluss mit dem Geschrei. Bleibt meinetwegen auf den Tischen stehen, aber kriegt euch wieder ein!“
„Melwin, komm! Lass uns mal in Ruhe suchen, wo die Ausreißerin steckt.“
Das taten wir. Die Panik hatte sich in eine atemlose Stille verwandelt. Alle sahen uns bis zum Zerreißen gespannt zu. Unter den Tischen – nichts ... unterm Pult und unter der Tafel – auch nichts. Vielleicht die Bücherecke? Da gab es viele Schlupflöcher und Nischen.
„Still!“ Zücki hatte recht, da war etwas gewesen. Oder doch nicht? Mit weichen Knien stieg ich auf die kleine Leiter und griff mit zittrigen Händen ins oberste Regal.

Ich hatte natürlich keine Angst vor Doof, wollte mich aber nicht vor der ganzen Klasse blamieren. In der Pause hatte ich noch herumgetönt und nun tappte der große Schlangenbeschwörer im Dunkeln. Hier musste sie sein. Ich griff zu. Und vor lauter Aufregung oder warum auch immer nahm das Verhängnis seinen Lauf. Krawumm! Ein Aufschrei ... das war ich ... und noch einer ... von Zücki. Ich war ins Schwanken gekommen, hatte mich am Bücherregal festgehalten und stürzte so meiner Lieblingslehrerin entgegen.

Ich bin mir sicher, wenn es nicht so dramatisch spannend gewesen wäre und es eine andere als Zücki erwischt hätte, wäre die Klasse in schallendes Gelächter ausgebrochen. So aber blieb es relativ ruhig. Trotz ihrer Angst kümmerten sich die meisten sofort um sie. Zücki und ich lagen inmitten eines Bücherbergs und ich wäre am liebsten im Boden versunken.

Da! Ich sah sie zuerst. Da ... das war doch ... Ja, kein Zweifel. In aller Seelenruhe schlängelte sich der eigentliche Grund für das Chaos ausgerechnet über das „Dschungelbuch". Ein beherzter Griff und ich hatte Doof eingefangen.

„Melwin!", rief mein Kumpel Sahin. „Er hat sie!"

So kam ich doch noch glimpflich aus der Nummer heraus. Immerhin hatte ich das Untier wieder eingefangen. Zücki war auch gar nicht böse, sie hatte sich nichts getan und fand das Ganze ziemlich lustig. Und zu guter Letzt konnte ich Doof präsentieren und wir hatten alle etwas dazugelernt:

Wer lesen kann, ist klar im Vorteil. Das gilt für Menschen wie für Schlangen!

Fragen zur Geschichte

Versuche die folgenden Fragen zu beantworten. Wenn du die richtigen Antwortbuchstaben auf einem Blatt notierst, bekommst du das Lösungswort.

1. Warum wird Melwin Schlangenmensch genannt?

G Melwin ist sehr beweglich.

O Er ist „falsch wie eine Schlange“.

N Sein Fahrstil beim Fahrradfahren ist schuld daran: Melwin fährt in Schlangenlinien.

D Er wird so genannt, weil er Schlangen besonders gerne mag.

2. Wie heißen Melwins Schlangen?

S Ana und Konda

T Bengel und Schlängel

I Dick und Doof

H Zühlke und Zücki

3. Für wen ist die Schlange Doof gefährlich?

C nur für sich selbst

U nur für Schüler

M nur für Lehrer

W für alle

4. Worin liegt Melwin mit Frau Zühlke?

A im Bällebad

V im Kornfeld

K inmitten eines Bücherbergs

Z in einer Schlangengrube

Das Lösungswort findest du auf Seite 110.

Wortknobelei

Welche Wörter gibt es wirklich? Schau im Duden oder in einem Online-Wörterbuch nach, wenn du dir nicht sicher bist. Kombiniere die Buchstaben, die bei den richtigen Begriffen in Klammern stehen, und schon hast du das Lösungswort.

SCHLANGEN

Duft- (M)

Luft- (O)

Foto- (N)

-fraß (F)

-pauker (P)

-krone (T)

-beschwörer (D)

-mensch (O)

Die Lösung findest du auf Seite 111.

Lösungshilfe:

Setze ein anderes Wort für „dumm“ ein.

Kreatives Schreiben

Stell dir vor, die Schlange Doof wäre nicht eingefangen worden. Was erlebt sie? Verfasse eine kleine Geschichte.

Wenn du Lust dazu hast, dann sende deinen Text an das Autorenpaar Kalle und Nicki Herges,
E-Mail: hergeshamburg-stories@web.de
Du erhältst auf jeden Fall eine Antwort. Viel Spaß!

Wissenswertes über Schlangen

Entweder man liebt sie oder man geht ihnen angsterfüllt aus dem Weg. Für die meisten Menschen gibt es nichts dazwischen. Die Rede ist von Schlangen.
Die „listige“ Schlange hat laut Bibel den gutgläubigen Adam verführt. Eine Schlange ziert aber auch den Äskulapstab, das Symbol der Ärzte und Apotheker. Böse Verführerin also oder eine Art Heilsbringerin? Keines von beiden. Ein paar kleine Informationen sollen euch dabei helfen, ein genaueres Bild von ihr zu bekommen.
Schlangen leben seit etwa 140 Millionen Jahren auf der Erde und es gibt sage und schreibe

3 496 Schlangenarten: kleine Schlangen, die eine Frau als Armreif oder Halskette schmücken könnten, aber auch Würgeschlangen, die man sich nicht an den Hals wünschen sollte. Sie leben fast überall, nur nicht in den richtig kalten Gegenden dieser Welt, zum Beispiel der Arktis und Antarktis. Besonders an ihnen ist, dass sie keine Arme oder Beine oder auch nur brauchbare Reste davon haben. So schlängeln sie sich durchs Leben, und das in Perfektion. Schlangen erreichen im Dschungel eine Geschwindigkeit von bis zu 6 Kilometern pro Stunde. Wo wir schon beim Thema Dschungel sind, muss ich auf die Lianenschlange zu sprechen kommen. Schlangen jagen auf zwei Arten, entweder sie erjagen ihre Beute oder sie lauern ihr auf. Mit ein wenig Fantasie kannst du erraten, welche Art die Lianenschlange bevorzugt. Richtig,

sie lässt ihr Vorderteil über den Boden baumeln, sieht so einer harmlosen Liane zum Verwechseln ähnlich und schnappt dann im entscheidenden Moment zu. Falls du einmal im Dschungel sein solltest: Augen auf und Finger weg von den Fake-Lianen, sie sind supergiftig.
Halte also Abstand bei Würge- und Giftschlangen. Aber das wirst du schon automatisch tun, wenn eine 10 Meter lange Python mit circa 100 kg Gewicht deinen Weg kreuzt. Besser ist das, obwohl sie dich eigentlich nicht als Beute ansieht. Giftschlangen wollen dich ebenfalls nicht fressen, sie setzen bei uns Menschen ihre Giftzähne nur zur Verteidigung ein. Bei ihren Beutetieren ist das natürlich anders. Haben

sie zugebissen, wissen sie, dass ihnen ihre Mahlzeit sicher ist. Sie lassen das Beutetier los, folgen ihm und verschlingen es, wenn sie es aufgefunden haben. Das ist etwa so wie beim Drive-in-Schalter. Hast du deine Bestellung aufgegeben, musst du nur noch der Fährte folgen und dein Burger liegt kurz danach vor dir. Und dazu brauchst du noch nicht einmal Giftzähne.

Bevor jedoch eine Schlange zubeißt, droht sie erst einmal. Das Züngeln gehört dabei nicht zu den Drohgebärden. Mit ihrer gespaltenen Zunge „riecht" sie vielmehr, ob Duftstoffe von links oder rechts kommen. Die Schlange zischt, faucht und richtet sich bedrohlich auf, wenn es ernst wird.

Die Klapperschlange rasselt dazu noch mit ihrer Schwanzrassel. Spätestens dann muss es für dich heißen: keinen Schritt weiter und Rückzug! Denn wenn eine Schlange angreift, dann ist es zu spät. Mit bis zu 10 Metern pro Sekunde schnellt sie dir entgegen. Da kämen selbst Supergirl oder Batman nicht schnell genug aus der Gefahrenzone. Geh also lieber in eine Tierhandlung oder in den Zoo und betrachte Schlangen aus sicherer Entfernung.
Die Schlange hat noch ein paar weitere Superlative zu bieten: Die kleinste Schlange der Welt ist dünn wie eine Spaghettistange und nur 10 Zentimeter lang. Riesenschlangen wie Pythons und Anakondas hingegen bringen es auf über 10 Meter. So kann zum Beispiel eine Python eine ausgewachsene Gazelle herunterschlingen. Dafür ist sie dann aber auch eine ganze Zeit genügsam. Wenn nötig, können Schlangen bis zu zwei Jahre ohne Nahrung auskommen.
Sie fahren dann ihren Stoffwechsel in eine Art Sparbetrieb herunter. Zum Abschluss noch einmal etwas zu den Giftschlangen. Die giftigste aller Giftschlangen, der Inlandtaipan, könnte mit dem Gift eines Bisses 250 000 Mäuse oder 230 erwachsene Menschen töten.
Jährlich werden etwa 5 Millionen Menschen von

Schlangen gebissen, circa 125 000 sterben traurigerweise daran. In Deutschland, das wird dich bestimmt beruhigen, bist du in recht großer Sicherheit. Es gibt bei uns nur zwei giftige Schlangenarten: die Aspisviper und die Kreuzotter. Sie sind beide aber sehr selten und es gab in freier Natur in den letzten sechzig Jahren auch keinen Todesfall.

Dünnes Eis

Jeder weiß: Der beste Freund des Menschen ist der Hund. Er geht für uns durchs Feuer. Er stürzt sich in die Fluten und in den Kampf, ohne Rücksicht auf Verluste. Doch wie ist es andersherum? Sind wir so wie er? Verdienen wir seine Freundschaft? Dünnes Eis ... ganz dünnes Eis. Denn was würde man tun ... im Fall der Fälle?

Diese Frage stellte sich mir im letzten Winter. Minusgrade ließen den Atem gefrieren.

„Jule!“, rief meine Mutter zu meinem Zimmer hoch. „Hast du Lust, mit Amanda –?“

Ich hatte genug gehört. Dazu hatte ich immer Lust.

„Ist doch klar, Ma“, antwortete ich.

Fünf Minuten später sprangen wir auf die Vordersitze und Amanda in den Kofferraum. Es ging zum See. Wie immer hatten wir den alten Lederball dabei, den

unsere Hündin über alles liebte. Sie war das größte Fußballtalent, das ich kannte. Unglaublich schnell, ausdauernd und ballverliebt. Und das bei jedem Wetter. Selbst bei hohem Schnee wurde sie nicht müde, dem Ball hinterherzujagen. Kurz vor dem Ziel hob sie ihre Schnauze und schnupperte aufgeregt. Amanda konnte es nicht erwarten. Als sich die Klappe des Kombis öffnete, schoss sie los. Ich trat die alte Lederpille, so fest ich konnte. Der Schnee spritzte auf und schon war Amanda samt Ball zurück. Ein neuer Schuss, das gleiche Spiel. Nach und nach kamen wir dem See näher. Ma blieb natürlich nicht untätig. Wir versuchten uns den Ball zuzuspielen, doch unsere Hündin hatte etwas dagegen. Mit vollem Körpereinsatz rutschte sie der Pille nach. Foul! Jetzt hatte sie mich von den Beinen geholt. Ma lachte lauthals. Okay, dachte ich, Rache ist süß. Ein Schuss wie ein Strich, knapp an Ma vorbei, hoch, weit ... zu weit.

„Jule!“, schrie meine Mutter vorwurfsvoll auf. „Der See!“

„Amanda!“, brüllte ich – zu spät.

Natürlich hatte Amanda dem Ball nachgesetzt und rutschte nun über die dünne Eisfläche. Wir hielten den Atem an. Selbst Amanda schien zu begreifen. Sie ließ den Ball Ball sein und wollte zurück zum Ufer. Doch das war alles andere als einfach, es war nahezu unmöglich. Sie fand keinen Halt mit ihren Pfoten und kam kaum von der Stelle.

„Was können wir tun, Ma?“

„Du gehst nicht aufs Eis, Jule!“

Das sollte ein Befehl sein, klang aber so dünn wie die Eisschicht des Sees.

„Bitte, Ma!“

„Jule ... das ist ... das ist Wahnsinn.“

Und das war es. Warum sie ihre Meinung änderte, weiß ich nicht genau. Wahrscheinlich lag es an Amandas kläglichem Jaulen.

„Jule, hör mir jetzt ganz genau zu.“

Nichts lieber als das. Ich hab echt nicht viel mitgekriegt von dem, was sie mir erklärte. Irgendetwas von Gewicht verteilen, Oberfläche und auf den Bauch legen.

Und so machten wir es dann. Auf den ersten Metern war das Eis noch fest,

aber dann ... Es fehlte nicht viel bis zu Amanda – unter normalen Umständen ..., aber damals – wahnsinnig viel. Wir begaben uns in Lebensgefahr. Amandas Klagen trieb uns an. Ma legte sich flach auf den Boden und streckte ihre Hand aus. Ich – die Leichtere von uns beiden – rutschte auf dem Bauch vorsichtig aufs Eis. „So ist gut“, machte Ma mir Mut und griff fest nach meinem Knöchel. Sie würde mich rausziehen, mich retten, da war ich mir sicher.
Doch schaffte ich das auch bei Amanda?! Es wurde höchste Zeit. Knirsch! Knack! Das Eis gab nach ..., doch – Gott sei Dank – nicht bei mir. Aber ... mir stockte der Atem ... Amanda! Meine Amanda war mit dem Hinterteil eingebrochen. Jetzt zählte jede Sekunde. Mit dem Mut der Verzweiflung streckte ich meinen rechten Arm so weit aus, wie ich konnte. Würde es reichen? Würde ich noch rechtzeitig ihre Vorderpfote greifen können?
Da! Ich spürte weiches, nasses Fell. Amanda ... das war Amandas Pfote. Noch ein, zwei Zentimeter ... und ... jetzt! Beherzt packte ich zu. Ja! Es schien zu klappen.
„Super, Jule!“, rief Ma. „Du schaffst es!“
Amanda fiepste vor Aufregung, vor Anstrengung ... vor Erleichterung?! Zentimeter um Zentimeter zog ich sie

näher heran. Und das Eis? Es hielt. Noch heute läuft es mir eiskalt den Rücken herunter, wenn ich daran denke. Amanda leckte mir das Gesicht und ich erdrückte sie fast vor Freude.
„Vorsichtig, Jule!“, mahnte Ma. Sie zog mich zu sich heran, die Gefahr war noch nicht ganz gebannt. Unter großer Anspannung richteten wir uns langsam auf. Auch der letzte Teil der Rettung glückte. Noch nie waren wir so froh gewesen, das Ufer erreicht zu haben. Überglücklich fuhren wir nach Hause. Nach einer heißen Dusche, einem heißen Kakao und heißen Küssen von Amanda begannen wir, unser Glück zu fassen. Und eins stand fest, fester als die dickste Eisfläche der Welt:
So etwas passiert uns nie wieder!

Fragen zur Geschichte

Versuche die folgenden Fragen zu beantworten. Wenn du die richtigen Antwortbuchstaben auf einem Blatt notierst, bekommst du das Lösungswort.

1. Wer ist „der beste Freund des Menschen“?

T der Affe
J der Hund
O die Katze
K der Delfin

2. Welcher Pille jagt Amanda hinterher?

S einer Abnehmpille
D einer Leckerchenpille
U einer alten Lederpille, einem Fußball also
F einer Anti-Falten-Pille

3. Was soll der Titel der Geschichte aussagen?

Z Softeis ist dünn, macht aber dick.
P Man weiß nie, wie stabil eine Eisfläche ist.
A Hund und Eis, das passt nicht zusammen.
L Eine dünne Eisfläche ist extrem unsicher. Und ebenso ist es nicht sicher, ob wir Menschen die bedingungslose Freundschaft der Hunde verdienen.

4. Was steht für Jule und ihre Ma fest?

E Sie wollen nie wieder so eine Gefahr eingehen.

Q Fußballspielen ist lebensgefährlich.

R Jule und ihre Ma gehen mit Amanda nie mehr in die Nähe eines Sees.

B Im Winter sollte man zu Hause bleiben.

Das Lösungswort findest du auf Seite 112.

Wortknobelei

Welche Wörter gibt es wirklich? Schau im Duden oder in einem Online-Wörterbuch nach, wenn du dir nicht sicher bist. Kombiniere die Buchstaben, die bei den richtigen Begriffen in Klammern stehen, und schon hast du das Lösungswort.

Nackt- (M)

Hosen- (E)

Kuss- (P)

Hof- (A)

HUND

Flug- (A)

Spür- (N)

Fährten- (A)

Himmel- (D)

Die Lösung findest du auf Seite 113.

Lösungshilfe:

Hier wird das begabteste tierische Fußballtalent gesucht.

Kreatives Schreiben

Schreibe auf, was aus deiner Sicht wahre Hundeliebe ausmacht.

Wenn du Lust dazu hast, dann sende deinen Text an das Autorenpaar Kalle und Nicki Herges,
E-Mail: hergeshamburg-stories@web.de
Du erhältst auf jeden Fall eine Antwort. Viel Spaß!

Wissenswertes übers Eis

Eis kann für uns Spaß, aber auch große Gefahr bedeuten. Während ein leckeres Eis im Sommer und das Rutschen, Schlittern und Laufen auf Eis im Winter richtig Spaß machen, geben Eisberge im Meer oder dünne Eisflächen Grund zur Sorge. Denn dicke Eisbrocken oder dünnes Eis können unser Leben bedrohen. Diese Gefahr wird auch in Redewendungen zum Ausdruck gebracht. „Sich auf dünnes Eis begeben“ oder in Kurzform „dünnes Eis“ meint, dass man sich der Gefahr aussetzt einzubrechen. Das ist wörtlich zu verstehen, wird aber meistens im

übertragenen Sinne verwendet. Dann heißt es: „Achtung! Du bist gerade dabei, einen großen Fehler zu machen! Keinen Schritt weiter bzw. kein weiteres Wort!“ Und noch ein schönes Sprichwort fällt mir zum Thema Eis ein: „Wenn es dem Esel zu wohl wird, geht er aufs Eis.“ Der arme Esel muss hier wieder als der Dumme herhalten, der sich unnötig in Gefahr begibt. Doch im Folgenden möchte ich genau davon berichten, natürlich nicht von Eseln, sondern von Menschen, die sich und andere aus Selbstüberschätzung, aus unangebrachtem Ehrgeiz, durch Fehlplanung oder Unvorsichtigkeit im Zusammenhang mit Eis in Lebensgefahr gebracht haben.

Eine der bekanntesten Tragödien der Welt, die durch Eis, genauer durch einen Eisberg, ausgelöst wurde, ist der Untergang der Titanic. Vor dem Unglück, das sich am 14. April 1912 vor Labrador ereignete, hätte jeder gesagt: Dieses Passagierschiff kann nicht sinken! Man hatte es schließlich mit vollster Überzeugung auf den Namen „Titanic“ getauft. Kein Schiff sollte vergleichbar und sicherer sein. Doch der Stolz der damaligen Schifffahrt riss mehr als 1 500 Passagiere und Besatzungsmitglieder mit in den Tod. Sie hatten keine Chance im eisigen Nordatlantik. Wie konnte das passieren?

Zum Untergang des damals größten Schiffs der Welt – darin sind sich die Experten einig – führte menschliches Versagen. Die Titanic fuhr zu schnell, weil der mitreisende Besitzer das angeblich wollte, um ihre Leistungsfähigkeit zu zeigen. Zudem hatten die Matrosen im Ausguck keine Ferngläser. Die lagen verschlossen im Fernrohrschrank. Den Schlüssel dazu hatte ein Offizier, der bei dieser Fahrt gar nicht an Bord war! Acht Eiswarnungen erreichten die Titanic, wurden aber zu lange nicht ernst genommen. Als man endlich begriff, welche Gefahr drohte, konnte die Kollision mit dem Eisberg nicht mehr verhindert werden. Zu allem Unglück kam hinzu, dass es kein

Warnsystem gab und nur für die Hälfte der Personen Rettungsboote zur Verfügung standen. So passierte das Undenkbare. Die Titanic sank und die meisten Menschen starben bei eisigen Wassertemperaturen um die 0 Grad an Unterkühlung. Die Katastrophe hatte zur Folge, dass die Sicherheitsvorkehrungen stark verbessert wurden. Seitdem muss zum Beispiel für jede Person ein Platz in einem Rettungsboot garantiert sein.
Eine weitere Tragödie ereignete sich ebenfalls um das Jahr 1912, und zwar nicht durch einen Eisberg, sondern bei dem weltberühmten Wettlauf zwischen Amundsen und Scott im „ewigen Eis“. Dabei ging es darum, wer zuerst den Südpol erreicht. Die Bedingungen waren extrem, wie die Bezeichnung „ewiges Eis“ ja schon andeutet. Man musste sich bei Temperaturen von -20 Grad und kälter über Eisspalten hinweg und durch Schneestürme hindurch vorwärtsbewegen. Der Norweger Amundsen hatte sich besser vorbereitet und die besseren Entscheidungen getroffen. Er hatte lange bei den Inuit, den Eskimos, am Nordpol gelebt. Denn ursprünglich hatte Amundsen als erster Mensch den Nordpol erreichen wollen. Hier waren ihm aber schon andere zuvorgekommen. So fasste er als nächstes Ziel den

Roald Amundsen

Robert Falcon Scott

Südpol ins Auge und der Wettkampf mit Scott begann. Scott setzte als Transportmittel unter anderem auf Motorschlitten, was sich als Fehler herausstellte. Die Motoren versagten in der Eiseskälte. Amundsen hingegen vertraute Schlittenhunden und behielt recht damit. Er machte seinen Traum von der Entdeckung des Südpols am 14. Dezember 1911 wahr. Robert Scott kam mit seiner Expedition erst am 17. Januar 1912 dort an. Das war für ihn und seine Begleiter natürlich eine Katastrophe, doch die weitaus schlimmere sollte noch folgen. Aufgrund

mangelnder Lebensmittel, zu wenig Brennholz, einer insgesamt zu schlechten Ausrüstung und Vorbereitung starben alle Mitglieder von Scotts Expedition auf dem Rückweg.
Das waren Informationen zu zwei Dramen im Eis bzw. Eiswasser, die die Welt bewegten und auch heute noch Stoff für Bücher und Filme liefern. In derartige Gefahrensituationen kommen wir in aller Regel ja nicht, doch die alltäglichen Gefahren des Eises sind auch für uns ein Thema. Wenn man sich klarmacht, dass der menschliche Körper im kalten Wasser 25- bis 30-mal schneller auskühlt als an der Luft, dann weiß man, dass man nicht vorsichtig genug sein kann. Eine Zahl soll die Gefahr zum Abschluss noch einmal verdeutlichen: In Deutschland gehen Eisunfälle im Verlauf eines Jahres über hundert Mal tödlich aus.

Ganz schön schnell

Jeder beneidete sie um Bella. Denn selten war ein Name treffender. Bella war die schönste Stute überhaupt und Isabels ganzer Stolz. Isabel hatte es erst gar nicht geglaubt, als sie zum 14. Geburtstag in den Stall schaute. Ihre Eltern hatten es supergeheim gehalten und selbst ihre jüngeren Brüder hatten zwar geheimnisvoll getuschelt, aber nichts verraten. Trotz Augenbinde war es für Isabel nicht schwer gewesen, den Ort ihrer Überraschung zu erfassen: den elterlichen Reitstall. All die vertrauten Gerüche, das Kopfsteinpflaster, das Schnauben der Pferde – die Sache war eindeutig. Doch was würde zum Vorschein kommen, wenn man ihr die Augenbinde abnahm?

Isabel musste häufig daran denken und es kam ihr so vor, als ob es erst gestern gewesen wäre. „Ein neuer Sattel?“, hatte sie gefragt und insgeheim gehofft, was nicht zu hoffen war. „Noch etwas Geduld, Isi“, hatte ihre Ma sie hingehalten. „Warm, wärmer ...“, kommentierten ihre Brüder, „... heiß!“
Und tatsächlich: Ein heißer Atem streifte ihr Gesicht. „Happy birthday“ riefen ihre Eltern und die Jungs. Weg mit der Augenbinde – Isabel blieb das Herz fast stehen. Es war Liebe auf den ersten Blick. „Ist das wirklich ...“, hatte sie gestammelt. „Ja, Isi, das ist dein Pferd“, kam die Bestätigung von ihrem Pa. „Wahnsinn! Danke! Tausend Dank!“ Isabel fiel ihren Eltern um den Hals und musste sich in die Wange zwicken, um sich klarzumachen, dass das kein Traum war. Ein Pferd, ein eigenes Pferd, das hatte sie sich immer gewünscht. Nun war ihr Traum wahr geworden. „Nach alter Familientradition bringt es Glück, wenn ...“, begann ihr Vater, wurde aber von seiner Frau unterbrochen: „Mach's nicht so feierlich. Das Kind weiß ja jetzt schon nicht, wohin mit sich. Ein Name, Isi. Gib der Stute spontan einen Namen, das bringt Glück.“ „Bella“, sprudelte es aus Isi heraus. Ohne groß nachzudenken, hatte sie eine Bauchentscheidung getroffen. Und je mehr sie darüber

nachdachte, desto sicherer war sie, es richtig gemacht zu haben.
Es gab nur einen Wermutstropfen, der Isabels Glück mit Bella trübte: Bella war ein tolles Pferd und schön ... zu schön. Bei der Parade beim Reitfest galt ihr der meiste Applaus, aber – das spürte Isabel von Tag zu Tag mehr – auch der Neid der anderen Pferdenärrinnen. Nur ganz wenige Mädchen hatten ein eigenes Pferd, die meisten nur eine Reitbeteiligung. Und jeder und jede sah es auf den ersten Blick: Bella war das Topmodel, die Ausnahmeschönheit. Und das änderte vieles. Neidische Blicke, Getuschel und zickige Bemerkungen mussten sich Bella und Isabel gefallen lassen. Und irgendwann fiel es dann ... das böse Wort: Barbiepferd. Bella sei ein Barbiepferd, ein Paradepferd – schön, aber auch nur das, eben kein

richtiges Pferd. Ein Pferd, mit dem man nicht wirklich über Stock und Stein gehen konnte. „Bella Barbie" lautete von nun an ihr Spitzname. Isabel fand das ungerecht, und das war es auch. Natürlich konnte man mit Bella durch Wald und Feld galoppieren, aber wehe, sie scheute vor einem Dickicht zurück, nahm nicht den aberwitzigen Sprung über einen viel zu breiten Flusslauf … „Bella Barbie" hieß es dann wieder und alle waren sich einig: Sie ist und bleibt eine Tussi-Stute. Dass auch kein anderes Pferd den Sprung gewagt hatte, keines durchs dichte Dornengestrüpp gegangen war, interessierte keinen. Ein gerechtes Urteil konnten Isi und Bella nicht erwarten, man wollte ungerecht sein, man wollte ihnen wehtun. Und manchmal hatte Isi den Verdacht,

dass Bella verstand, was vorging. „Bella, meine Schöne“, sagte sie so laut, dass die Neidhammel es hören mussten. Isi tätschelte Bellas Hals und flüsterte ihr zu: „Lass sie nur reden, hetzen, mobben. Sie sind hässlich ..., und zwar im Herzen.“ Bella richtete sich bei diesen Worten auf und blickte in Richtung der Rivalinnen. Ihr Blick war der lebende Beweis dafür, dass auch Tiere arrogant auf jemanden herabschauen können.

Falls Isi sich das nur einbildete, war es ihr auch recht. Es half ihr, die Ungerechtigkeiten und die Ablehnungen zu ertragen. Dann kam ein bedeutender Tag: das große Rennen. Isi nahm sich vor, es an diesem Tag allen zu zeigen, allen Neidern, Spöttern und nicht zuletzt sich selbst: Bella sollte, nein musste alle hinter sich lassen. Sie war sich sicher, dass ihre Stute verstand, worum es ging ... es ging um alles.

Als der große Tag gekommen war, war Isi ganz schlecht vor Aufregung. Gott sei Dank schien es Bella wesentlich besser zu gehen. Sie tänzelte am Start und Isi überhörte die Sprüche der Konkurrentinnen.

„Das ist hier nicht der Catwalk.“

„Reit lieber zum Shoppen mit deiner Bella Barbie.“

Diese Gemeinheiten verstärkten nur Isis Willen, es zu schaffen, alle hinter sich zu lassen, ihnen Bellas

Hinterteil zu zeigen. Beim Ritt über die Wiesen und Felder klappte das im Ansatz ganz gut, hin und her wechselte die Führung. Doch der entscheidende Abschnitt sollte noch kommen ... das Waldstück.
Es ging durch einen kleinen Mischwald, durch den zwei Routen führten. Man hatte die Wahl: Kurven und leichte Sprünge oder ein Ritt durch einen engen Bach. Regen oder Traufe standen zur Auswahl, beide Wege waren gefährlich. Und dann war da noch die dritte Alternative, die eigentlich gar keine war. Denn niemand hatte es bisher gewagt, alle hielten es für Wahnsinn. Der kürzeste Weg führte wie ein Slalom durch eng stehende Bäume und, als ob das nicht schon genug Risiko wäre, zum Abschluss durch ein widerliches Gestrüpp. Noch ungefähr 200 Meter ... jetzt galt es.
Bella lag im Mittelfeld, der Wald würde die Entscheidung bringen: Barbiepuppe oder taffe Powerstute. „Die Killerstrecke?!“, brüllte Isi Bella ins Ohr. Bella wieherte. Das musste ein Ja gewesen sein, denn sie schoss wie ein Blitz auf den Slalomparcours zu. „Bella?!“, schrie Isi, doch ein zweites Wiehern ließ keinen Zweifel und keinen Widerstand zu. Zweige und Äste peitschten Reiterin und Pferd, schlimmer konnte es nicht kommen. Doch ...

Das meterhohe Dickicht baute sich wie eine Wand vor ihnen auf. „Das kann nicht gut gehen!“ Dieser Gedanke raste wie eine Flipperkugel durch Isis Kopf. Wusch!!! „Aaah!“ Ein entschlossenes, doch schmerzvolles Wiehern … Isi und Bella zahlten den Preis für ihre Wahnsinnstat. Doch jetzt hieß es durchhalten. „Go Bella!“, feuerte Isi ihre tapfere Stute an und kurze Augenblicke später war es geschafft: Bella hatte die Wand durchbrochen. Vor ihnen lag der Zieleinlauf und … sonst niemand. „Wir schaffen es!“, jubelte Isi, aber ein Schulterblick ließ sie zweifeln. Jenny und Cindy jagten hinter ihr her. Jenny konnten sie auf Distanz halten, doch Cindy kam mit ihrem bulligen Hengst immer näher. „Lauf, Bella! Lauf um dein Leben!“, trieb Isi ihre Bella an. Und die gab ihr Bestes. Noch hundert Meter, noch fünfzig, zwanzig, zehn ... und das Ziel. Bella flog über die Ziellinie, und zwar – sie hatte es wirklich geschafft – eine Länge vor Bully, dem Hengst von Cindy. Das Publikum johlte und tobte. Einen so spannenden Wettkampf hatte es seit Jahren nicht gegeben. „Sie muss den Killerweg geritten sein“, raunten sich die ersten Zuschauer beim Anblick des Siegerteams zu. Alle, wirklich alle, auch die Neidzicken, kamen und beglückwünschten Isi und Bella voller Hochachtung. Selbst die Oberzicke Cindy gratulierte: „Ganz schön schnell dein Pferd, Glückwunsch.“ – „Du sagst es, danke. Bella ist schön und schnell und das mutigste Pferd, das man je gesehen hat.“ Mit diesem Schlusswort von Isi war alles gesagt und das böse Schmähwort Barbiepferd ein für alle Mal Geschichte.

Fragen zur Geschichte

Versuche die folgenden Fragen zu beantworten. Wenn du die richtigen Antwortbuchstaben auf einem Blatt notierst, bekommst du das Lösungswort.

1. Warum entscheidet sich Isi für den Namen Bella?

F Da sie selbst Isabel heißt, findet sie Bella gut.

E Isis Brüder schlagen den Namen vor.

Z Es ist eine Bauchentscheidung.

T Sie will die anderen Mädchen ärgern.

2. Weshalb wird Bella von den anderen Mädchen Barbiepferd genannt?

I In ihren Augen ist sie kein „richtiges Pferd".

P Die Mädchen finden Bella so schön wie eine Barbiepuppe.

M Bella hat eine schöne blonde Mähne wie Barbie.

N Sie bewundern Bellas Top-Figur.

3. Wann wollen Bella und Isi es allen zeigen?

Q bei der Parade beim Reitfest

U auf dem Catwalk

W bei Germanys Next Top-Horse

E beim großen Rennen

4. **Wie wird der Slalomparcours noch genannt?**

L die Killerstrecke

Y der WWW: Wahnsinns-Wald-Weg

A die Siegerstraße

U der Leidensweg

Das Lösungswort findest du auf Seite 114.

Wortknobelei

Welche Wörter gibt es wirklich? Schau im Duden oder in einem Online-Wörterbuch nach, wenn du dir nicht sicher bist. Kombiniere die Buchstaben, die bei den richtigen Begriffen in Klammern stehen, und schon hast du das Lösungswort.

Wild- (D)

-pflaster (T)

-herde (N)

PFERDE

-lotse (N)

-kuss (E)

Model- (A)

-wurst (I)

-hose (O)

Die Lösung findest du auf Seite 115.

Lösungshilfe:

Der Wunsch, etwas zu bekommen, was andere haben.

Kreatives Schreiben

Stell dir vor, Bella kann nicht nur wiehern, sondern auch sprechen. Bully, der Hengst von Cindy, kann das ebenfalls. Was haben sie sich zu sagen? Verfasse einen Text dazu.

Wenn du Lust dazu hast, dann sende deinen Text an das Autorenpaar Kalle und Nicki Herges,
E-Mail: hergeshamburg-stories@web.de
Du erhältst auf jeden Fall eine Antwort. Viel Spaß!

Wissenswertes über Pferde

Kennst du die derbe Redensart: „Man hat schon Pferde kotzen sehen, und das direkt vor der Apotheke"? Wenn ja, dann weißt du, was gemeint ist: Nichts ist unmöglich! Denn Pferde können sich nicht übergeben … und vor der Apotheke schon gar nicht. Die werden sie bei Magen- und Darmproblemen sicher nicht aufsuchen. Das ist nicht das einzige Interessante zum Thema Pferd, das man wissen sollte. Ich habe ein paar Informationen für dich zusammengestellt. Der Wert des Pferdes für den Menschen war und ist unumstritten. Besonders in vergangener Zeit waren Pferde unverzichtbar als Reit-, Last- und Zugtiere. Vor dem Siegeszug des Automobils wurden mit ihnen Güter transportiert und Reisen bewältigt. Und der Bedarf war riesig. Um eine Vorstellung zu bekommen, nenne ich ein paar Zahlen aus dem Jahre 1887: Deutschland kaufte damals mehr als 73 000 Pferde zu einem Preis von über 3 Millionen Pfund aus England. So viele Pferde wechseln heutzutage nicht mehr in ein anderes Land. Und wenn sie verkauft und gekauft werden, dann handelt es sich meistens um Sportpferde, denn Reiten ist mittlerweile in der Regel ein Hobby oder Sport.

Und nun weitere eindrucksvolle Zahlen: Haltet euch fest! Das bis dahin teuerste Springpferd der Welt ist 2013 für 11 Millionen Euro verkauft worden, das teuerste Rennpferd für 64 Millionen Dollar. Das sind Summen, die man ansonsten aus dem Fußball kennt, wenn das „Paradepferd" einer Mannschaft wie zum Beispiel Mario Götze den Verein wechselt. Aber der eigentliche Wert des Pferdes sollte sich natürlich nicht nach dem Verkaufspreis richten. Es ist ein ganz besonderes Lebewesen, ganz einfach ein Freund, „das beste Pferd im Stall", das deine Liebe verdient. Und ich bin mir sicher, dass du sie deinem Pferd auch schenkst. Dafür muss es bestimmt nicht so groß sein wie „Big Jake", das größte Pferd der Welt. Dieses belgische Kaltblutpferd hat ein beeindruckendes Stockmaß von 2,10 Metern. Das ist die Größe des Pferdes, gemessen vom Boden bis zur höchsten

knöchernen Stelle am Rücken, dem Widerrist. Das älteste Pferd – „Old Billy“ – wurde 62 Jahre alt. Es hat viele Jahre sein Gnadenbrot bekommen. Damit wird die Zeit beschrieben, in der Pferde nach ihrer aktiven Zeit als Arbeits- oder Sportpferd keinen Dienst mehr tun müssen, sozusagen in Rente sind. Wer sein Pferd liebt, der pflegt es natürlich auch im Alter.
Schön ist es, wenn dein Pferd schön ist, aber darauf kommt es natürlich, wie in der Geschichte, nicht an. Denn es ist selbstverständlich kein Model. Klar, manche Möchtegern-Laufstegschönheit wünscht sich bestimmt so lange Beine und so tolle Haare wie ein Pferd. Doch auch Pferdezähne und einen lang gezogenen großen Kopf?

Der erste ... Kuss!?

Ein Novembertag, Halloween lag hinter ihnen. Lina, Nicki und Julie konnten es nicht erwarten, dem langweiligen Deutschunterricht zu entfliehen. Ding! Dang! Dong! Endlich! Keine Wortarten, keine Satzglieder – der wahre Horror – mehr.
Sie kannten sich schon aus der Grundschule. Jetzt rannten die Freundinnen in die große Pause. Große Pause, das hieß quatschen, quatschen und noch einmal quatschen, über Gott und die Welt. Und in ihrer Stufe gab es nur einen „Gott": Maxi, den coolsten Typen der Jahrgangsstufe 5.
„Da ... er kommt!"
Nicki hatte ihn zuerst gesehen. In seinem Schlepptau Paul und Benny, die hingen wie Kletten an Maxi.
Lina machte auf Miss „Nicht interessiert" und spielte die Unwissende:
„Meinst du Doktor Wagnert?"
Als wenn sie gleichzeitig in eine Zitrone gebissen hätten, verzogen die Mädchen angewidert das Gesicht. Dr. Wagnert, Deutsch und Bio, dieser Lehrer-Zombie ging direkt hinter den Jungen.
„Lina, lass das", kam von Julie, „du weißt genau, dass Nicki nicht dieses Paukermonster meint. Gruseln war gestern. Mach die Augen auf! Maxi hat einfach den besten Style und ist ..."

Mehr musste sie gar nicht sagen, es nicht aussprechen. Jede wusste es. Und wenn es einen Punkt gab, in dem sich die drei einig waren, dann war es der: Es gab nur einen, es konnte nur einen geben: Super-Maxi!
„Er hat rübergeguckt."
Nickis Behauptung elektrisierte das Freundinnen-Trio.
„Ehrlich?"
„Ich glaub zu Julie!"
Julie errötete und wollte es sich selbst nicht eingestehen. Sie meinte, es auch gesehen zu haben, wiegelte aber ab:
„Quatsch, hinter uns ist doch die Tischtennisplatte und …"
„Da, wieder!"

„Ja, er meint dich! Eindeutig!"
Linas und Nickis Stimmen überschlugen sich fast.
Julie wagte nicht aufzublicken. Konnte das sein? Hatte er wirklich Interesse an ihr? Oder war alles nur Zufall?
„Julie und Maxi, das wär ja ein Ding."
„Unsere Julie ... obwohl ... ich würd ihn auch nicht aus dem Kinosessel schubsen, wenn er neben mir ..."
„Ich auch nicht, dunkler Saal, ein Kuschel-Film ... Julie, sag doch auch mal was."
„Euer Ernst? Hört auf zu spinnen!"
„Und ob Julie! Du wirst schon sehen ..."
„Genau ... und schon ist schon bald."
„Häää?" Julie konnte mit dieser Anspielung zuerst nichts anfangen. Doch Lina brachte Licht ins Dunkel: „Heute Abend, alte Turnhalle. Na, macht's klick?"
Ja, es hatte klick gemacht. Wie konnte Julie das nur vergessen? Heute Abend, alte Turnhalle ... Unterstufen-Disco! Der Rest der Pause verging wie im Flug. Es gab nur ein Thema: Maxi ... und tausend Unterthemen: Würde er überhaupt kommen? Er war in der 5b und keines der Mädchen traute sich, seine Mitschülerinnen danach zu fragen. Was hätte das für Gerüchte und Sprüche gegeben. Und wenn er kam: Auf wen stand er? Wirklich auf Julie? Oder doch auf

Nicki? Oder Lina? Oder auf gar keine von ihnen, sondern auf die Dummtussi Nadja aus der 5b?! Millionen Fragen und Gedanken später standen die drei Mädchen in der alten Halle. Die war nicht wiederzuerkennen. Genau wie die Freundinnen. Sie hatten alles gegeben. Haare, Make-up und Klamotten, das hatte mit dem Schul-Outfit vom Morgen nichts mehr zu tun. Discolicht flackerte und die großen Fenster waren abgedunkelt.

„Ist er da?"

Das war die Frage des Abends für Lina, für Nicki und nicht zuletzt für Julie.

„Paul", raunte Lina Nicki zu.

„Und Benny", gab die weiter an Julie. Man musste nur eins und eins zusammenzählen ... und wirklich: Da war sie, die Nummer eins. Maxi schlenderte betont lässig am Rand der Tanzfläche entlang. Und sein Blick traf ... Julie. Kein Zweifel!

„Da! Er hat's wieder getan!"

„Julie, gib's zu! Er hat dich im Visier!"

„Aber so was von."

Linas und Nickis Stimmen verfielen wieder in den Salto-Modus. Julie blieb keine Zeit, darauf einzugehen. Denn Super-Maxi ging nicht vorbei, nein, er steuerte direkt auf sie zu.

„Lust zu tanzen?“
Klar hatte sie Lust. Und wie sie Lust hatte!!!
„Okaaay …“, gab sie zurück. Ihr Versuch, möglichst cool zu bleiben, blieb ein Versuch. Das bemerkten aber sicherlich nur ihre besten Freundinnen. Maxi hoffentlich nicht. Er nahm ihre Hand und schon fand Julie sich im Getümmel auf der Tanzfläche wieder. Maxi tanzte sie an und Julie meinte, die Blicke der ganzen Halle zu spüren.
Wie lange das so ging? Gefühlt eine Ewigkeit, eine wunderschöne – bis … bis ein Schmusesong aus den Boxen säuselte. Ihr erster Gedanke war: Flucht!

Doch das wollte sie nicht wirklich. Und Maxi ließ ihr keine Wahl. Sanft zog er Julie an sich und in seine Arme.
Ihr Kopf dockte wie von selbst an seiner Schulter an. Seine rechte Hand fing an, ihre Schulterpartie zu streicheln. Oh mein Gott! Maxi! Julie schloss die Augen und begann, es zu genießen.
Musikwechsel! Was Rockiges! Spinnen die?
„Lass uns rausgehen“, kommentierte Julies Traumtyp. Für sie sprach nichts dagegen. Ein Seitenblick zu Nicki und Lina ... Daumen hoch!
Für einen Novemberabend war es außergewöhnlich warm. Trotzdem fröstelte sie. Maxi legte den Arm um ihre Schulter, das fühlte sich gut und richtig an. Zielsicher steuerte Maxi den Sportcontainer an, in dem die abgenutzten Geräte für den Pausensport aufbewahrt wurden. Nicht gerade das romantischste Plätzchen, aber was machte das schon. Mit Maxi wäre Julie überall hingegangen. Es zählte nur, dass Maxi dabei war. Zwischen dem alten Backsteingebäude und dem rostigen Container gab es eine dunkle Nische. Da wollte er hin. Musste das sein? Überallhin war wohl doch nicht das Richtige.
„Können wir nicht ...?“, begann Julie, aber Maxi ignorierte es.

Er drängte sie in die Schmuddelecke und dann an sich. Maxi?! Was ging da bei Max? Das hatte Julie sich ganz anders vorgestellt. Und ehe sie reagieren konnte, presste er seine Lippen auf ihre.
„Brrrrh!“, entfuhr es ihr.
„Was ist?“, entgegnete der Überfall-Schmatzer.
Julie wischte sich demonstrativ mit ihrem Handrücken über die Lippen. Sie fühlte sich, als ob man ihr den Tafelschwamm ins Gesicht gedrückt hätte.
„Ich dachte …“, setzte Max noch einmal an. Aber Julie fuhr ihm über den Mund:
„Was hast du gedacht? Glaubst du wirklich …“
„Blöde Kuh“, zischte er dazwischen, „so schön bist

du auch nicht.“ Und so ließ er sie dann stehen.
Julie verstand die Welt nicht mehr. Ihr Superheld hatte sich als Maxi-Trottel entpuppt. Der Abend war gelaufen.
„Julie!“ Und noch einmal: „Julie!“ Nicki und Lina! Sie hatten gesehen, wie Max zurück in die Halle gestürmt war. Ihnen war sofort klar gewesen, dass da etwas nicht stimmen konnte.
„Nicki! Lina!“ Die drei Mädchen fielen sich in die Arme.
Julie musste viel erzählen und noch mehr erklären. Das Fazit lautete:
Max kann man vergessen, der geht gar nicht … und Küssen mit ihm noch viel weniger.

Fragen zur Geschichte

Versuche die folgenden Fragen zu beantworten. Wenn du die richtigen Antwortbuchstaben auf einem Blatt notierst, bekommst du das Lösungswort.

1. Wer oder was ist Dr. Wagnert?

W ein sympathischer Chemiker

Z ein irrer Philosoph

E der Hausmeister der Schule

K ein Lehrer-Zombie

2. Über wen quatschen die Mädchen in der Pause?

U über Gott und die Welt

M über Halloween

F über das Essen in der Schulkantine

H über die letzte Klassenarbeit

3. Warum führt Max Julie zum Sportcontainer?

O Er will Sportgeräte ausleihen.

P Dort ist ein romantisches Plätzchen.

S Max möchte mit Julie in die dunkle Nische dort, um sie zu küssen.

Q Er hat da ein Überraschungsgeschenk für Julie versteckt.

4. Als was entpuppt sich der Superheld Maxi zum Schluss der Geschichte?

T als Kuschelhase

S als Maxi-Trottel

A als sehr schüchtern

B als toller Tänzer

Das Lösungswort findest du auf Seite 116.

Wortknobelei

Welche Wörter gibt es wirklich? Schau im Duden oder in einem Online-Wörterbuch nach, wenn du dir nicht sicher bist. Kombiniere die Buchstaben, die bei den richtigen Begriffen in Klammern stehen, und schon hast du das Lösungswort.

-hand (U)

Schluss- (A)

-mund (J)

Hand- (I)

KUSS

Pferde- (E)

-auge (T)

Schaum- (L)

-casanova (M)

Die Lösung findest du auf Seite 117.

Lösungshilfe:

Wenn du weißt, welches Mädchen Maxi ins Visier genommen hat, dann hast du das Lösungswort.

Kreatives Schreiben

Julie unterhält sich mit ihren besten Freundinnen über den Vorfall mit Max. Schreibe auf, was Lina, Nicki und Julie sich zu sagen haben.

Wenn du Lust dazu hast, dann sende deinen Text an das Autorenpaar Kalle und Nicki Herges,
E-Mail: hergeshamburg-stories@web.de
Du erhältst auf jeden Fall eine Antwort. Viel Spaß!

Wissenswertes übers Küssen

Wahrscheinlich hast du dich über das Ausrufe- und Fragezeichen im Titel der Geschichte „Der erste … Kuss!?“ zuerst gewundert. Nach dem Lesen wusstest du bestimmt, was sie ausdrücken sollen. Denn das war ja nun wirklich kein Kuss, den Max der verdutzten Julie aufgedrückt hat. Oder doch? Was ist also ein Kuss? Gibt es verschiedene Arten und Bedeutungen? Auf diese Fragen will ich dir Antworten geben und weitere interessante Einzelheiten zum Thema „Kuss“ erzählen.
Wir küssen aus Liebe und aus Freundschaft, aber auch, um großen Respekt auszudrücken. Dazu stehen uns die verschiedensten Kussarten zur Verfügung. Den Handkuss gibt man beispielsweise, um einer höhergestellten Person oder einer Dame mit großer

Achtung und vielleicht auch unterwürfig zu begegnen. So wird es unter anderem in Mafia-Filmen praktiziert. Der Pate, also der

Chef der Mafia, hält dem Untergebenen den Handrücken hin. Auf diesen wird nicht wild geschmatzt, sondern in aller Regel ein Kuss nur angedeutet. Bussi, Küsschen oder Schmatzer bezeichnen Küsse mit geschlossenen Lippen, die meistens auf den Wangen landen. Sie gehören in manchen Kreisen und in einigen Ländern zur Begrüßung dazu. Unterschiedlich ist jedoch die Anzahl der Begrüßungsküsse. Küsschen rechts und Küsschen links – also zwei – sind zum Beispiel in Italien und Deutschland der Normalfall. In der Schweiz und in den Niederlanden wird einer mehr erwartet. Spitzenreiter sind die Franzosen. Hier gibt es je nach Region bis zu vier Bussis. Luftküsse kann man dagegen sicherlich, sooft man möchte, verteilen. Man sollte aber darauf achten, dass man sich nicht lächerlich macht. Diese Küsse werden nur angedeutet, indem man seine eigene Handinnenfläche küsst – dagegen kann ja niemand etwas haben – und dann den Kuss zu der Angebeteten oder wem auch immer

herüberpustet. Nasenküsse sind da wieder problematischer. Sie sind eine Variante des Küssens, bei der die Nasen kurz aneinandergerieben werden. Hier in Europa ist diese Begrüßung unüblich. Bei einigen Südseevölkern, den Maori – den Ureinwohnern Neuseelands –, den Eskimos, in Tibet, Thailand und der Mongolei zählt der „Riechkuss“, wie man ihn auch nennt, zur üblichen Begrüßungszeremonie. Noch inniger wird es in Burma und auf Papua-Neuguinea. Die Burmesen reiben ihre Wangen aneinander und auf Papua-Neuguinea knabbert man sich sogar an den Augenbrauen. Mmmmh ... andere Länder, andere Sitten. Nicht nur beim Augenbrauenknabbern sollte man sicher sein, dass erstens der andere das auch so will und zweitens – wenn es in der Öffentlichkeit geschieht –, dass es erlaubt ist. Im Folgenden mehr dazu.

Der echte Kuss zwischen Verliebten ist in Deutschland kein Aufreger mehr. In anderen Ländern und Kulturen ist das aber ganz anders. Ich habe für euch einige Beispiele ausgewählt. Zu Beginn bleiben wir in Europa. An der Universität Oxford in England ist das Küssen auf dem Campus, das ist das Universitätsgelände, verboten. Es gibt nur eine Möglichkeit, das Verbot zu umgehen. In der Mensa gibt es eine Kuss-Zone. Von England nun nach Italien, genauer nach Eboli. Hier ist das Küssen im Auto verboten, was während der Fahrt ja auch Sinn macht, gilt aber auch für den stehenden Wagen. Bis zu 500 Euro Strafe muss man zahlen, wenn man dagegen verstößt. Selbst im kussfreudigen Frankreich gibt es ein Kussverbot. An Bahnübergängen ist Küssen nicht erlaubt. Lustig und aus meiner Sicht etwas merkwürdig werden die Kussverbote, wenn man Europa verlässt. In Südafrika kam es 2007 zu Massen-Küss-Veranstaltungen von Jugendlichen. Was war geschehen? Das Küssen von Teenagern unter 16 Jahren war nicht nur in der Öffentlichkeit, sondern auch zu Hause verboten

worden. Dagegen protestierten viele Teenager auf diese Art. In Asien wird öffentliches Küssen überhaupt nicht gerne gesehen. Es ist unter anderem in muslimisch geprägten Ländern verboten. So wurde 2010 ein britisches Pärchen verhaftet, das sich in einem Restaurant in Dubai geküsst hatte. In China oder Japan darf man selbst Bussis, die Wangenküsse, nicht öffentlich geben. Vor der Verlobung gilt Küssen so oder so als nicht angemessen. Arm kann man in Indonesien werden, wenn man beim Knutschen erwischt wird. 20 000 Euro werden hier angedroht. Zum Abschluss der kleinen Kussverbotsreise durch die Welt möchte ich mit euch auf die USA schauen. Hier gibt es von Bundesland zu Bundesland und von Stadt zu Stadt ganz unterschiedliche und wohl die meisten „Kussgesetze". In Michigan und Connecticut darf grundsätzlich an Sonntagen nicht geküsst werden, in Wisconsin gibt es ein Kussverbot in Zügen. In Maryland und Iowa muss man beim öffentlichen Küssen quasi die Stoppuhr gezückt halten. Hier geht es um Sekunden und Minuten. Während einem in Maryland nur eine Sekunde Zeit bleibt – ab dann wird es strafbar –, hat man in Iowa ganze fünf Minuten dafür. Küsse von Bartträgern sind in Eureka, Kalifornien, verboten und in Riverside muss man sich

vor dem Kuss die Lippen mit einem speziellen Rosenwasser abwischen.
Du siehst, mit dem Küssen ist es nicht so einfach, wie man denkt. Einfach wird es für das thailändische Ehepaar Ekkachai und Laksana Tiranarat auch nicht gewesen sein, den längsten Kuss der Welt hinzubekommen. Der dauerte im Jahre 2013 unglaubliche 58 Stunden, 35 Minuten und 58 Sekunden. Aus reiner Liebe? Nein, das Paar wollte den ersten Platz bei einem Wettbewerb und einen Eintrag ins Guinness-Buch der Rekorde. Ganz zum Schluss noch zwei Warnungen. Vermeide erstens Pferdeküsse, denn die machen keinen Spaß, sie tun nur richtig weh. Darunter versteht man nämlich eine Prellung am Oberschenkel oder auch am Oberarm. In der Regel werden Pferdeküsse unabsichtlich beim Sport verteilt. Und zweitens: Hüte dich vor Judasküssen. Nach der Bibel soll Judas Ischariot, einer von Jesus' Jüngern, seinen Herrn durch einen Kuss verraten haben. Der Kuss war

das Zeichen, durch den Jesus von den Soldaten der Hohepriester erkannt wurde. Alles Weitere ist bekannt. Jesus wurde verhaftet und letzten Endes gekreuzigt. Deshalb werden Judasküsse, die aus böser Absicht geschehen, auch Todesküsse genannt. Übrigens: Jedes Jahr am 6. Juli ist der „Internationale Tag des Kusses“.

Tor des Tages

Seit Tagen gab es kein anderes Thema mehr. Unser Klassenzimmer brummte in den kleinen Pausen. Und in den großen gab es nur eins: raus auf den Schulhof und Fußball spielen.

Das Sommersportfest stand auf dem Programm. Nur noch ein Tag ...

Und wie jedes Jahr gab es einen Höhepunkt: das Fußballspiel Lehrer gegen Schüler.

Jahr für Jahr hatten uns die Lehrer abgezockt. Es war, als ob sich alle Fußballgötter dieser Welt und sämtlicher Galaxien gegen uns verschworen hätten. Die Schülermannschaft verlor, da konnte sie machen, was sie wollte. Doch dieses Jahr, da sollte und musste alles anders werden. Wir hatten ein echt geiles Team. Sechs Auswahlspieler waren in unseren Reihen ... und

einer davon war ich. Anton im Tor sprang wie ein Panther durch den Kasten und krallte sich die Pille sicher wie die Bank von England. Davor putzten Jan und Peter alles weg, was sich auch nur in die Nähe des Strafraums traute. Im Mittelfeld rannten Jakob und Lorenz wie zwei Windhunde die Linie rauf und runter, bissen sich in die Zweikämpfe und spielten Zuckerpässe in den Sturm. Und der sechste Auswahlspieler im Bunde war ich, Fabian, Stürmer und seit einem halben Jahr Stammspieler in der Jugendmannschaft von St. Pauli. Ich weiß gar nicht, wie oft ich angesprochen wurde.

„Hau sie weg!"

„Spielst du wirklich bei Pauli?"

„Zwei Dinger musst du gegen die Lehrer machen!"

Kein Wunder also, dass ich dem großen Spiel entgegenfieberte.

In der Nacht vorher machte ich erst kein Auge zu. Irgendwann muss es dann doch geklappt haben.

Nachspielzeit! Letzte Minute! Spielstand 1 : 1, Elfmeter für uns!

Alle gucken mich an.

„Mach du ihn, Fabi."

„Den machst du ..."

Was blieb mir übrig? Ich schnappte mir den Ball,

legte ihn auf den Punkt und lief an. Mein Herz raste, meine Beine zitterten und ... Schuss!
Klatsch! Neeeeiiiin! Das durfte nicht wahr sein!
Der Ball war ans Lattenkreuz geklatscht. „Nein!!!“, brüllte ich vor Enttäuschung auf und die ganze Schule – bis auf die Lehrer – brüllte mit.
„Fabi! Fabian!“
Was war das?
„Fabian, wach auf. Du hast nur schlecht geträumt.“
Meine Mutter! Ja wirklich, meine Mutter. Ich war nicht der Tor des Tages, der Depp, ich hatte tatsächlich nur geträumt.
Ihr könnt mir glauben, nie war ich glücklicher, meine Mutter zu sehen.

In der Schule spukte mir mein Traum wieder und wieder durch den Kopf. War das ein schlechtes Zeichen? Kann man so etwas vorausahnen?
Einige Stunden später war ich schlauer.
Und ihr werdet es nicht glauben. Nachspielzeit! Letzte Minute! Spielstand 1 : 1, Elfmeter für uns! Und es war wahr, kein Traum. Alle guckten mich an. Wieder ... wie im Traum. Würde sich wirklich alles so abspielen? Sollte ich überhaupt schießen?
„Komm Fabi. Worauf wartest du?!"
Ich bekam kein Wort heraus, mein Mund war trocken wie ein Wüstental. Dafür waren meine Hände nass, schweißnass. Mein Schädel brummte. Nur ein Gedanke hämmerte in meinem Kopf. Bitte nicht ans Lattenkreuz, bitte.
Ich schnappte mir den Ball, legte ihn auf den Punkt und lief an. Mein Herz raste, meine Beine zitterten und ... Schuss!
Ich zog ab und wagte danach nicht hinzugucken. Ein Riesengebrüll verschluckte mich. Aber ich hatte doch kein Klatschen gehört! Das konnte doch nicht sein. Doch! „Tor! Tor! Tor!", brüllten sie und ich wurde unter einer Traube meiner Mannschaftskameraden begraben. Und jetzt endlich konnte ich es glauben: Ich hatte das Tor des Tages geschossen.

Fragen zur Geschichte

Versuche die folgenden Fragen zu beantworten. Wenn du die richtigen Antwortbuchstaben auf einem Blatt notierst, bekommst du das Lösungswort.

1. Was ist der Höhepunkt des Sommersportfestes?

K ein Feuerwerk
F ein Elfmeterschießen
U die Ehrung verdienter Sportlerinnen und Sportler
B das Fußballspiel Lehrer gegen Schüler

2. Warum haben die Schüler nach Ansicht des Erzählers in den letzten Jahren gegen die Lehrer verloren?

A Alle Fußballgötter dieser Welt und sämtlicher Galaxien hatten sich gegen sie verschworen.
Z Die Lehrer haben einfach nur Glück gehabt.
M Lehrer haben immer recht und gewinnen immer.
O Der Schiedsrichter pfeift gegen die Schüler.

3. Wer rettet Fabian aus seinem Albtraum?

Ä sein Sportlehrer
L seine Mutter
R seine Mitspieler
W seine Katze

4. Was hätte Fabian im Traum nicht gedacht?

X dass sein Elfmeter ans Lattenkreuz geht

P dass es in die Verlängerung geht

L dass er auch in Wirklichkeit den entscheidenden Elfmeter schießen muss und trifft

Ü dass dieses Mal die Schüler gegen die Lehrer gewinnen

Das Lösungswort findest du auf Seite 118.

Wortknobelei

Welche Wörter gibt es wirklich? Schau im Duden oder in einem Online-Wörterbuch nach, wenn du dir nicht sicher bist. Kombiniere die Buchstaben, die bei den richtigen Begriffen in Klammern stehen, und schon hast du das Lösungswort.

-heit (A)

-so (E)

-baum (R)

-instinkt (T)

TOR

-bus (P)

Restaura- (L)

-fahrt (N)

-pedo (T)

Die Lösung findest du auf Seite 119.

Lösungshilfe:

Dort sollte der Ball beim Torschuss lieber nicht landen.

Kreatives Schreiben

Die Geschichte endet mit einem Happy End für Fabian. Was aber, wenn sein Traum wahr geworden wäre und er den Elfmeter verschossen hätte?
Schreibe zu dieser Situation einen Tagebucheintrag aus Fabians Sicht.

Wenn du Lust dazu hast, dann sende deinen Text an das Autorenpaar Kalle und Nicki Herges,
E-Mail: hergeshamburg-stories@web.de
Du erhältst auf jeden Fall eine Antwort. Viel Spaß!

Wissenswertes über Tore

Der Titel der Geschichte „Tor des Tages“ ist zweideutig. Fabian kann das Tor des Tages, das alles entscheidet, schießen oder selbst zum Tor, zum Trottel, werden. Das ist dir bestimmt beim Lesen klar geworden. Rund um den Begriff Tor gibt es aber noch einiges mehr zu berichten. Eine kleine Auswahl habe ich für dich zusammengestellt.
In Nachschlagewerken oder auf den bekannten Internetseiten findet man an die zehn unterschiedliche Bedeutungen des Wortes Tor.
Da ist von dem skandinavischen Vornamen Tor, auch Thor geschrieben, die Rede. Es ist der Name des

nordischen Donnergotts. Aber auch südasiatische Karpfenfische heißen so. Selbst ein Flugabwehrraketensystem „Tor“ gibt es ... kaum zu glauben. Konzentrieren möchte ich mich aber – ganz im Sinne der Geschichte „Tor des Tages“ – auf ganz besondere Tore im Sport, Torheiten und Unglaublichkeiten, die durch Tore ausgelöst wurden.

„Tooooor! Tooooor! Tooooor! Tooooor! Tor für Deutschland!“, so schrie der Radioreporter Herbert Zimmermann 1954 seine ungläubige Begeisterung heraus. Deutschland besiegte durch das 3 : 2 von Helmut Rahn in der 84. Minute den haushohen Favoriten Ungarn im WM-Finale. Das war damals die Sensation schlechthin und es wird immer wieder daran erinnert. Als „Wunder von Bern“ ging der erste Titelgewinn der deutschen Fußballer in die Sportgeschichte ein. Dazu gibt es Spielfilme und mittlerweile auch ein Musical. Gerd Müllers 2 : 1

gegen die Niederlande (1974), Andy Brehmes Elfmetertor gegen Argentinien 1990 und Mario Götzes 1 : 0 2014, wieder gegen Argentinien, bedeuteten ebenfalls den WM-Titel für Deutschland. Echt legendär wird aber für immer Rahns „Tooooor!“ bleiben, da es nicht lange nach dem Zweiten Weltkrieg einer ganzen Nation neues Selbstvertrauen brachte.

Neben diesen bedeutenden Toren gibt es kuriose und welche, die eigentlich gar keine waren. Der damals weltbeste Fußballer Diego Maradona berief sich sogar auf Gott, als er bei der WM 1986 ein vorentscheidendes Tor gegen England mit der Hand erzielte. Er sprach von „der Hand Gottes“, die zugunsten seines Teams eingegriffen habe ... wirklich unglaublich und ... unglaublich ärgerlich für die Engländer. Doch auch England war Jahre zuvor Nutznießer einer krassen Fehlentscheidung gewesen. WM-Finale 1966, 101. Minute in der Verlängerung, Tor für England

im heimischen Wembley-Stadion gegen Deutschland. Doch was für eines! Als „Wembley-Tor“ ist es weltbekannt. Der Ball war von der Unterkante der Latte Richtung Torlinie gesprungen. Tor oder nicht?! Der Schiedsrichter war sich nicht sicher und fragte beim Linienrichter nach. Der entschied auf Tor und machte sich damit selbst zum Tor, zum Narren. Der Ball war nicht in vollem Umfang hinter der Linie gewesen ... Die halbe Welt hatte das gesehen ..., nur nicht der Mann, der dafür zuständig war. Wissenschaftler aus Oxford lieferten in den Neunzigerjahren den Beweis dafür, dass das „Wembley-Tor“ kein Tor war. Es fehlten genau 6 Zentimeter. Doch wie so oft im Sport treffen

Fehlentscheidungen und Torheiten nicht immer nur ein Team. Glück und Pech gleichen sich meistens aus. Und bei der WM 2010 in Südafrika war es dann so weit. Ein eindeutiges Tor der Engländer – der Ball war dieses Mal überdeutlich von der Latte hinter die Torlinie geprallt – wurde nicht gegeben. Deutschland siegte und England musste die Heimreise antreten. Als Nächstes möchte ich von einem besonders merkwürdigen Tor berichten. Real Madrid gegen Borussia Dortmund 1998 in der Champions League: Eine Minute vor dem Anpfiff fällt ein Tor. Wie das sein kann? Natürlich war kein Ball im Netz gelandet, das Spiel hatte ja noch gar nicht angefangen, sondern das Torgebälk war zusammengebrochen. Und das lag an den Real-Fans, die es zum Einsturz gebracht hatten, echte Toren des Tages. Erst 76 Minuten später konnte das Spiel angepfiffen werden.

Doch diese Torheit ist nichts gegen die Narren des Fußballklubs Stade Olympique de l'Emyrne. Die Fußballer fühlten sich vom Schiedsrichter benachteiligt und schossen daher aus Protest 149 Eigentore. Echte Toren … oder vielleicht auch nicht. Denn wer hätte sonst je etwas von diesem Fußballverein aus Madagaskar gehört?
Zum Abschluss zwei unglaubliche Ereignisse, die durch Tore ausgelöst wurden: ein Mord und ein Krieg. Bei der WM 1994 unterlief dem Kolumbianer Andrés Escobar gegen die USA ein Eigentor, durch das seine Mannschaft ausschied. Bei seiner Rückkehr nach Kolumbien wurde er höchstwahrscheinlich von der Mafia, die bei Wetten wegen des Eigentors hohe Beträge verloren hatte, erschossen. Unfassbar, aber wahr!
Noch wahnsinniger ging es 1969 im sogenannten Fußballkrieg zwischen El Salvador und Honduras zu. Das 3 : 2-Siegtor für El Salvador im entscheidenden Spiel der WM-Qualifikation war der Auslöser. Zwischen beiden Ländern gab es damals große Konflikte, die das Fußballspiel zum Ausbruch brachte. Nach dem Spiel gab es gewaltsame Übergriffe auf Salvadorianer, die in Honduras lebten. Die Luftwaffe El Salvadors flog Einsätze gegen Honduras und ein

Krieg, der über 2 000 Menschen das Leben kostete, war nicht mehr aufzuhalten. Unglaublich, aber ebenfalls wahr!

Lösungen

„Beinahe baden gegangen“ (Seite 5)

Fragen zur Geschichte

1. Wer rockt wen?

W die Kinder den Hafen

2. Warum torkeln die Kinder auf der Fähre?

I Sie torkeln wegen des starken Seegangs.

3. Weshalb belügen Sahin und Melwin ihre Lehrerin?

N Sie wollen heimlich an Deck.

4. Warum heißt es am Ende der Geschichte, dass Tuchi ein echter Käpt'n ist?

D Sie ist patent, also einfach tüchtig und in Ordnung.

Lösungswort: **WIND**

Wortknobelei

Welche Wörter gibt es wirklich?

Flugkapitän	(D)
Wirtschaftskapitän	(E)
Freizeitkapitän	(C)
Kapitänleutnant	(K)

Lösungswort: DECK

„Doof gelaufen“ (Seite 21)

Fragen zur Geschichte

1. Warum wird Melwin Schlangenmensch genannt?

D Er wird so genannt, weil er Schlangen besonders gerne mag.

2. Wie heißen Melwins Schlangen?

I Dick und Doof

3. Für wen ist die Schlange Doof gefährlich?

C nur für sich selbst

4. Worin liegt Melwin mit Frau Zühlke?

K inmitten eines Bücherbergs

Lösungswort: DICK

Wortknobelei

Welche Wörter gibt es wirklich?

Schlangenbeschwörer	(D)
Luftschlangen	(O)
Schlangenmensch	(O)
Schlangenfraß	(F)

Lösungswort: DOOF

„Dünnes Eis“ (Seite 39)

Fragen zur Geschichte

1. **Wer ist „der beste Freund des Menschen“?**

J der Hund

2. **Welcher Pille jagt Amanda hinterher?**

U einer alten Lederpille, einem Fußball also

3. **Was soll der Titel der Geschichte aussagen?**

L Eine dünne Eisfläche ist extrem unsicher. Und ebenso ist es nicht sicher, ob wir Menschen die bedingungslose Freundschaft der Hunde verdienen.

4. **Was steht für Jule und ihre Ma fest?**

E Sie wollen nie wieder so eine Gefahr eingehen.

Lösungswort: JULE

Wortknobelei

Welche Wörter gibt es wirklich?

Flughund	(A)
Nackthund	(M)
Hofhund	(A)
Spürhund	(N)
Himmelhund	(D)
Fährtenhund	(A)

Lösungswort: AMANDA

„Ganz schön schnell“ (Seite 55)

Fragen zur Geschichte

1. Warum entscheidet sich Isi für den Namen Bella?

Z Es ist eine Bauchentscheidung.

---

2. Weshalb wird Bella von den anderen Mädchen Barbiepferd genannt?

I In ihren Augen ist sie kein „richtiges Pferd“.

---

3. Wann wollen Bella und Isi es allen zeigen?

E beim großen Rennen

---

4. Wie wird der Slalomparcours noch genannt?

L die Killerstrecke

Lösungswort: **ZIEL**

Wortknobelei

Welche Wörter gibt es wirklich?

Pferdeherde (N)
Pferdekuss (E)
Pferdewurst (I)
Wildpferde (D)

Lösungswort: **NEID**

„Der erste … Kuss!?“ (Seite 71)

Fragen zur Geschichte

1. Wer oder was ist Dr. Wagnert?

K ein Lehrer-Zombie

---

2. Über wen quatschen die Mädchen in der Pause?

U über Gott und die Welt

---

3. Warum führt Max Julie zum Sportcontainer?

S Max möchte mit Julie in die dunkle Nische dort, um sie zu küssen.

---

4. Als was entpuppt sich der Superheld Maxi zum Schluss der Geschichte?

S als Maxi-Trottel

Lösungswort: **KUSS**

Wortknobelei

Welche Wörter gibt es wirklich?

Kussmund (J)

Kusshand (U)

Schaumkuss (L)

Handkuss (I)

Pferdekuss (E)

Lösungswort: JULIE

„Tor des Tages" (Seite 91)

Fragen zur Geschichte

1. **Was ist der Höhepunkt des Sommersportfestes?**
B das Fußballspiel Lehrer gegen Schüler

2. **Warum haben die Schüler nach Ansicht des Erzählers in den letzten Jahren gegen die Lehrer verloren?**
A Alle Fußballgötter dieser Welt und sämtlicher Galaxien hatten sich gegen sie verschworen.

3. **Wer rettet Fabian aus seinem Albtraum?**
L seine Mutter

4. **Was hätte Fabian im Traum nicht gedacht?**
L dass er auch in Wirklichkeit den entscheidenden Elfmeter schießen muss und trifft

Lösungswort: BALL

Wortknobelei

Welche Wörter gibt es wirklich?

Restaurator	(L)
Torheit	(A)
Torpedo	(T)
Torinstinkt	(T)
Torso	(E)

Lösungswort: LATTE

Weitere Titel der Reihe kurz | gut | silbiert von Kalle und Nicki Herges:

Band 1: Tierische Helden

Lesetexte ab Klasse 5

Kurzgeschichten, Sachtexte und Übungen illustriert von Jutta Wetzel

Spannendes, Lustiges und Anrührendes rund um unsere tierischen Freunde

128 Seiten
Bestell-Nr. 540-30

Band 3: Unglaublich und fabelhaft

Lesetexte ab Klasse 5

Kurzgeschichten, Sachtexte und Übungen illustriert von Benjamin König

Die Geschichten entführen in fremde Länder und die Welt der Geister und Märchen.

120 Seiten
Bestell-Nr. 540-32

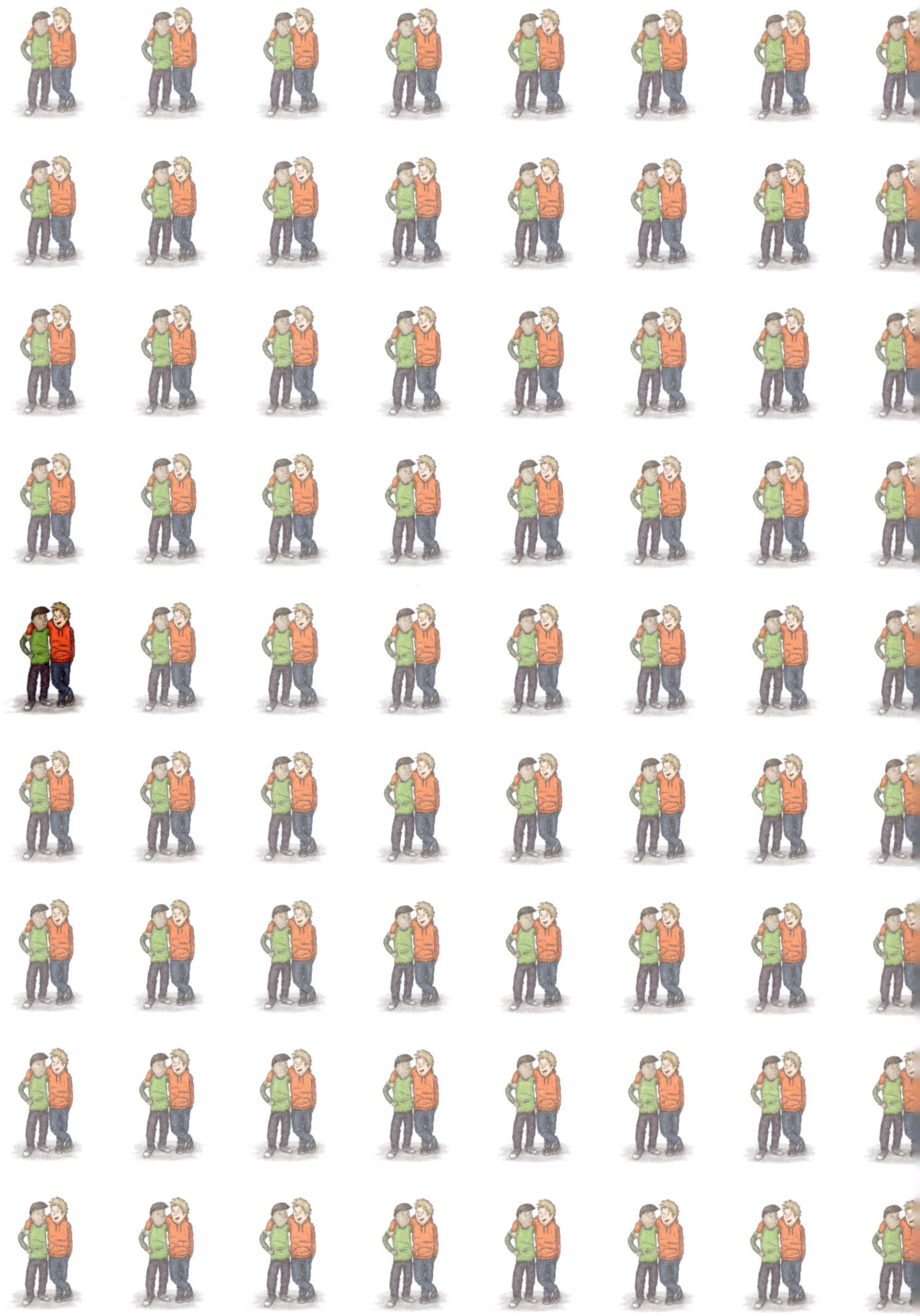